AF257986

CATALOGUE

DE

RICHES MEUBLES,

ÉMAUX CLOISONNÉS, BRONZES, PORCELAINES, PEINTURES,

OBJETS D'ART ET DE CURIOSITÉ

DE LA

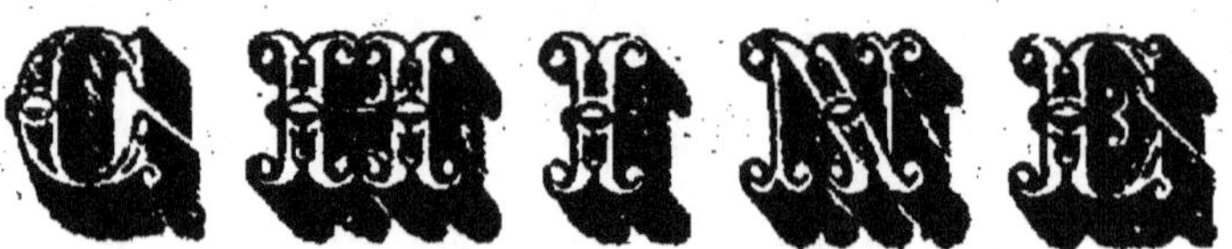

CHINE

Provenant du Cabinet de M. le baron M. de K...,

Et d'une belle réunion de

MAJOLIQUES ET CURIOSITÉS,

Dont la Vente aux enchères publiques aura lieu

HOTEL DES COMMISSAIRES-PRISEURS,

RUE DROUOT, AU PREMIER ÉTAGE,

Les Mardi 19, Jeudi 28 Décembre 1854,

A UNE HEURE,

Par le ministère de M° BOUSSATON, Commissaire-Priseur,
Rue des Petites-Écuries, 43;

Assisté de M. ROUSSEL, Expert, rue Neuve-de-l'Université, 5,

CHEZ LESQUELS SE DISTRIBUE LE CATALOGUE.

Exposition Publique

Le Lundi 25 Décembre, de midi à cinq heures.

1854.

CATALOGUE

DE

RICHES MEUBLES,

ÉMAUX CLOISONNÉS, BRONZES, PORCELAINES, PEINTURES,

OBJETS D'ART ET DE CURIOSITÉ

DE LA

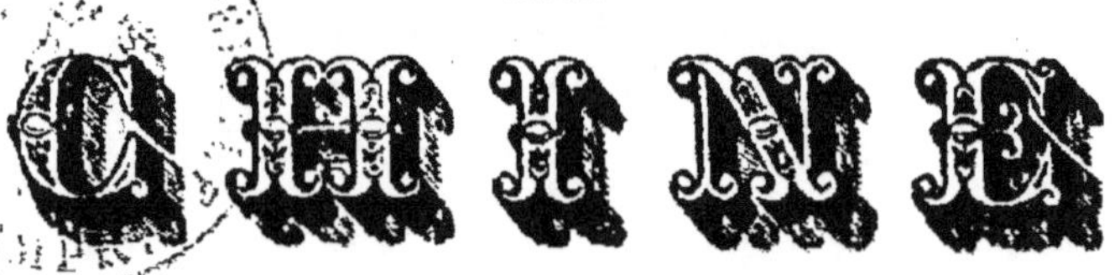

CHINE

Provenant du Cabinet de M. le baron M. de K...,

Et d'une belle réunion de

MAJOLIQUES ET CURIOSITÉS,

Dont la Vente aux enchères publiques aura lieu

HOTEL DES COMMISSAIRES-PRISEURS,

RUE DROUOT, AU PREMIER ÉTAGE,

Les Mardi 26, Jeudi 28 Décembre 1854,

A UNE HEURE,

Par le ministère de Mᵉ BOUSSATON, Commissaire-Priseur,
Rue des Petites-Écuries, 43;

Assisté de M. ROUSSEL, Expert, rue Neuve-de-l'Université, 5,

CHEZ LESQUELS SE DISTRIBUE LE CATALOGUE.

Exposition Publique

Le Lundi 25 Décembre, de midi à cinq heures.

1854.

Conditions de la Vente.

Elle sera faite expressément au comptant.

Les adjudicataires paieront cinq centimes par franc en sus des enchères.

Ordre des Vacations.

Le Mardi 26 (salle n° 3) :

Les Curiosités de Chine, les Majoliques et les Verreries vénitiennes.

Le Jeudi 28 (salle n° 4) :

Les Curiosités diverses et articles non numérotés.

DÉSIGNATION.

1 — Un Brûle-Parfums en émail antique cloisonné, anses élevés, avec couvercle en bois de fer surmonté d'une poignée en agate.

2 — Une petite Bouteille au col long, également en émail cloisonné.

3 — Deux Cassolettes avec couvercle en émail cloisonné.

4 — Une petite Boîte ronde aplatie en émail antique à cloisons.

5 — Deux Figurines en vieux bronze.

6 — Un petit Brûle-Parfums, forme trépied, en bronze ciselé, sur socle en bois de fer sculpté.

7 — Une Licorne en bronze, portant sur son dos un miroir rond en métal poli.

8 — Une Cassolette avec couvercle en métal de gong.

9 — Un Écran en schiste argileux à deux teintes, avec cadre et pied en bois impérial sculpté.

10 — Un Rocher animé d'ibis et de reunes, groupe en bois sculpté et peint.

11 — Un Bureau plat en laque ancien burgoté.

12 — Un grand et riche Paravent en laque noir découpé à jour, à huit panneaux décorés chacun d'un paysage transparent peint sur soie.

13 — Autre Paravent en bois de sandal, genre du précédent.

14 — La Tour au sept étages en bois de sandal.

15 — Une petite Toilette en bois noir délicatement sculpté.

16 — Autre Toilette pareille à la précédente, en bois de sandal.

17 — Deux Peintures sur soie, dans deux cadres en bois de Pako sculpté à jour.

18 — Deux autres plus petites, genre des précédentes.

19 — Deux autres avec cadres en bois noir.

20 — Une Robe de mandarin en satin bleu, garnie de broderies de toutes couleurs.

21 — Une Pièce de soie écrue à paysage brochée.

22 — Une autre pièce de soie écr ue à rosaces brochées

23 — Un Thé de dix Tasses en bocaro craquelé sur plateau en bois d'aigle.

24 — Un Ecran garni d'une plaque de jade blanc sculpté en relief, sur pied en bois de fer sculpté.

25 — Une Potiche et son couvercle.

26 — Une autre sans couvercle.

27 — Une Potiche rouge haricot.

28 — Une autre petite Potiche gros bleu.

29 — Un grand Plat en vieux Chine.

30 — Deux autres plus petits.

31 — Cinq Bols en porcelaine ancienne.

32 — La Patrone des Voyageurs, figure en blanc.

33 — Un Miroir en bronze poli sur pied en bois de fer.

34 — Deux Socles à deux plateaux en bois dur sculpté, représentant une branche de nénuphar.

35 — Une Etage à trois stalles en bois dur sculpté.

36 — Un Socle en bois de fer sculpté, avec galerie en
ivoire vert sculpté.

37 — Une Boîte à thé en laque rouge.

38 — Le Dieu du plaisir en faïence ancienne, craque-
lée, sur socle carré en bois noir sculpté.

39 — Un Magot en faïence coloriée.

40 — Deux Magots en racines.

41 — Un Groupe en racine de bambou.

42 — Deux grands Rochers en pierre de lare.

43 — Deux petits Chevaux en pierre de lare.

44 — Deux Broderies de couleur sur soie.

45 — Un très grand Écran en bois dur laqué noir, décoré d'un paysage sculpté au burin, avec pied en
bois impérial massif sculpté à jour.

46 — Un Magot en pierre de lare.

47 — Deux autres en terre émaillée.

48 — Une petite Coupe en buffle sur socle en bois dur
sculpté.

49 — Deux Parasols.

80 — Un Écran en porcelaine finement décorée, avec cadre et sur pied en bois de fer sculpté.

81 — Un autre Écran pareil au précédent.

82 — Deux grandes Peintures sur glace.

83 — Deux autres plus petites.

81 — Une petite Armoire en laque doré.

85 — Une grande Lanterne à verres peints.

86 — Un Lotus en marbre blanc ancien sur pied en bois de fer.

87 — Un grand Bol mandarin.

88 — Une paire de très grands Vases finement décorés.

89 — Trois autres de plus petite dimension.

90 — Un grand Étui en bambou à paysage sculpté en relief.

91 — Un Groupe également en bambou sculpté.

92 — Deux grands Vases en vieux chine.

93 — Deux autres plus petits.

FAIENCES DE SAINT-CLÉMENT.

94 — Deux grands Lions.

95 — Une grande Fontaine.

96 — Une autre de forme différente.

97 — Dix Jardinières.

98 — Deux Groupes et deux Figurines.

99 — Quatre Sucriers.

100 — Quatre Verrières.

MAJOLIQUES.

101 — Deux très grands Vases, à anses feuillages et couvercles garnis de clochettes; décorés de sujets tirés de l'Histoire Sainte.

102 — Deux Vases et leurs Plateaux décorés d'arabesques et d'oiseaux à vifs reflets cuivreux.

103 — Deux Coupes, l'une à godrons, l'autre à piédouche, décors irisés.

104 — Un grand Vase à quatre anses élevées, décoré de quatre médaillons.

105 — Deux Assiettes représentant Sodôme et la vision de Jacob.

106 — Deux Plats à décors bleus, sur l'ombilic de l'un des armoiries de cardinal.

107 — Un grand Vase à deux anses décoré d'un médaillon représentant un lion couronné.

108 — Deux Plateaux à décors jaunes irisés.

109 — Trois Assiettes ; fumeurs et Neptune.

110 — Deux grands Plats à godrons.

111 — Un Bénitier forme monumentale.

112 — Un Plateau avec armoirie, et une Coupe à décors imbriqués et à reflets irisés.

113 — Une Soupière décorée d'amours avec cette inscription : *Svor colomba ronci.*

114 — Grand Vase à deux médaillons avec bustes de femme et de guerrier.

115 — Deux Assiettes faisant pendant.

116 — Trois Plaques carrées décorées de sujets saints.

117 — Deux Bouteilles et un cornet représentant saint Marlin, 1698, 1701.

118 — Une Coupe à côtes et à piédouche, au centre un buste de guerrier, d'un bel émail.

119 — Une Coupe à godrons et une Saucière ornées d'arabesques à reflets irisés.

120 — Quatre petites Assiettes et quatre Tasses avec soucoupes.

121 — Deux Plats représentant l'Annonciation et un Guerrier ; émail à reflet métallique.

122 — Plaque circulaire encadrée représentant la Lapidation ; bel émail rehaussé d'or.

123 — Deux Plats : sur l'un, César ; sur l'autre, un buste de femme.

124 — Trois Assiettes, dont l'une représente saint Jérôme.

125 — Cinq Tasses avec soucoupes.

126 — Une Assiette représentant la Visitation, avec armoirie fleurdelysée, *les initiales D. C., et la date de* 1559.

127 — Trois petits Pots à deux anses avec couvercles et soucoupes.

128 — Deux grands Plats à reflets métalliques.

129 — Grand Plat à bord droit et ombilic saillant; émail
à reflet cuivreux.

130 — Deux Coupes : L'Annonciation et un Saint.

131 — Une grande Coupe à pied élevé et bord droit à
reflet métallique.

132 — Un Plat à bordure en relief et deux Assiettes.

133 — Deux Coupes à côtes à reflets irisés.

134 — Deux Vases de pharmacie.

135 — Neuf Vases de pharmacie. *Ce lot sera divisé.*

136 — Trois Aiguières.

137 — Une Aiguière et un Vase de pharmacie.

138 — Une Bouteille à décors bleus et un Etui à reflets
rouge feu.

139 — Une grosse Bouteille et un Vase à décors camaïeux
bleus.

140 — Quatre Vases de pharmacie décorés de bustes
d'homme et de femme, d'un bel émail bleu.

141 — Deux Vases et deux Aiguières.

142 — Deux Aiguières et une Bouteille décorées de têtes
de saints.

143 — Deux grands Vases avec couverc'es et ornements dorés en relief.

144 — Une petite Soupière et une Salière.

145 — Deux Salières et un petit Vase.

146 — Un Vase à décors bleus sur fond jaune.

147 — Autre Vase plus petit, genre du précédent.

148 — Un Plat à ombilic à décors irisés , et deux Plateaux.

149 — Deux Cuvettes de fontaine.

150 — Une Saucière, un Bol et une Salière.

151 — Deux Bouteilles et un Hanap.

152 — Deux grands Vases avec couvercles.

VERRERIE VÉNITIENNE.

153 — Un grand Plateau à filigranes blancs.

154 — Une Aiguière en verre craquelé, belle qualité.

155 — Une Coupe à pied élevé, même qualité.

156 — Deux Coupes et un Vase à anse mobile.

157 — Une Corbeille et deux Coupes émaillées.

158 — Deux Coupes et un Vase émaillés en bleu.

159 — Deux Coupes, un Bol et un Verre irisé.

160 — Deux Flacons, deux Burettes et une Bouteille à filigranes blancs.

161 — Trois Vases bleus et un Baril.

162 — Un grand Bol et deux Flacons.

163 — Un Vase et un Bol en verre craquelé.

164 — Deux Bouteilles de forme bizarre ornées d'émaux.

165 — Un Plateau et un Vase.

166 — Deux Bouteilles carrées, deux Godets et deux Burettes.

167 — Trois Verres à bords festonnés.

168 — Deux Verres aplatis à filigranes multicolores.

Vacation du jeudi 29 décembre.

(Salle n° 4.)

169 — Un grand Coffre de mariage en bois sculpté et doré.

170 — Une grande Coupe en serpentine.

171 — Deux Obélisques en marbre noir gravé.

172 — Deux autres plus petites.

173 — Une Patène ancienne finement ciselée.

174 — Une Croix en ébène sur pied, ornée de pierreries et d'incrustations en ivoire.

175 — Treize Camées sur pierre dure, imitation de l'antique. *Ce lot sera divisé.*

176 — Un Coussin en velours *aux armoiries du cardinal Lambruschini.*

177 — Une Croix et quatre ornements en cristal de roche.

178 — Un Bas-Relief en bronze italien.

179 — Une Glace de Venise, Minerve gravée au centre.

180 — Trois Vases étrusques.

181 — Un Vase étrusque à anses élevés avec couvercle.

182 — Un Fusil de chasse système Lepage, canon A B, fini par Lepage Moutier.

183 — Un autre Fusil de chasse à baguette.

184 — Une belle Pendule ancienne en bronze.

185 — Un Gong ou Tam-Tam chinois.

186 — Sous ce numéro, on comprendra cinquante lots que le temps ne nous permet pas de cataloguer, tels que : Porcelaines anciennes de Chine, du Japon, de Sèvres et de Saxe, groupes en bambou et en pierre de lare, coffrets en vieux laque, mosaïques de Rome et de Florence, bronzes, ivoires, etc., etc.

Imp. de Mme de Lacombe, rue d'Enghien, 44.